AF340905

LETTRES PATENTES DV ROY,
EN FORME D'EDICT.

Publiée en Parlement, sa Majesté y estant presente, Le 21. Fevrier 1641.

A PARIS,
Par PIERRE ROCOLET, Impr. & Libr.
ordinaire du Roy.
Au Palais, en la Gallerie des Prisonniers, aux
Armes du Roy, & de la Ville.

M. DC. XXXXI.
Auec Priuilege de sa Majesté.

(6)

OVYS par la grace de Dieu, Roy de France & de Nauar-re, à tous presens & à venir; Salut. Il n'y à rien qui conserue, & qui maintienne dauantage les Empi-res, que la puissance du Souuerain égal-lement recognüe par ses Sujets ; elle r'allie, & révnit si heureusement tou-tes les parties de l'Estat, qu'il naist de cette vnion vne force qui asseure sa grandeur, & sa felicité. Il semble que l'establissement des Monarchies estát fondé sur le gouuernement d'vn seul, cét ordre est comme l'ame qui les anime, & qui leur inspire autant de force & de vigueur qu'il à de perfe-

A ij

tion. Mais comme cette auctorité ab-
soluë porte les Estats au plus haut
poinct de leur gloire ; aussi lors qu'elle
se trouue affoiblie, on les void en peu
de temps décheoir de leur dignité. Il ne
faut point sortir de la Frāce pour trouuer des exemples de cette verité. Les
Regnes des Roys nos Predecesseurs en
fournissent assez. On a veu cette Couronne prête de tomber sous la domi-
nation de ceux à qui elle deuoit plûtost
commander. Les desordres, & les diuisions funestes de la Ligue, qui doiuent
estre enseuelies dans vn éternel oubly,
prirent leur naissance, & leur accroisse-
ment , dans le mépris de l'auctorité
Royalle ; Elle fut tellement ébranlée
par les entreprises injustes de ceux qui
deuoient plus la reuerer, que si Dieu
(Protecteur des Roys) n'eust preuenu
leurs mauuais desseins, le Sceptre eust
peut-estre esté arraché de la main d'vn

Prince legitime, pour paſſer en la main d'vn Vſurpateur. HENRY LE GRAND, noſtre tres-honoré Seigneur & Pere, en qui Dieu auoit mis les plus rares, & les plus excellentes vertus d'vn grand Prince, ſuccedant à la Couronne de Henry III. releua par ſa valeur l'auctorité Royalle, qui eſtoit comme abbattüe, & foulée aux pieds; Il luy rendit l'éclat de ſa Majeſté preſque effacée, par la deſ-obeïſſance, & par la rebellion des Peuples; Et au milieu des plus grands deſordres de l'Eſtat, la France qui eſtoit vne image d'horreur, & de confuſion, deuint par ſa vertu, le modelle parfait des Monarchies les plus accomplies. Mais lors que plus puiſſante, & plus glorieuſe qu'elle n'auoit jamais eſté, elle recueilloit dans vn profond repos, les fruicts des labeurs de ſon Monarque incomparable; elle luy vid finir ſes jours, au meſ-

me temps qu'elle le defiroit immor-
tel pour fa felicité. Alors nous com-
mençâmes de regner, eftant encore
dans la minorité. Mais comme il eftoit
difficille, que le regne d'vn Prince, en
vn fi bas âge fuft conduit auec la force,
& auec la vigueur fi neceffaire pour
maintenir l'auctorité Royalle au
poinct, où noftre tref-honnoré Seigneur & Pere l'auoit mife, l'on vid
auffi que dés l'entrée de noftre regne
elle receut de dangereufes atteintes.
Noftre Cour de Parlement de Paris,
quoy que portée d'vn bon mouue-
ment, entreprit par vne action qui n'a
point d'exemple, & qui bleffe les loix
fondamentalles de cette Monarchie,
d'ordonner du gouuernement de noftre Royaume, & de noftre perfonne,
& les circonftances du temps, empef-
cherent que l'on apportât remede à vn
fi grand mal, la diffimulation dont on

sa en cette rencontre perſuada à nos
Officiers que l'on approuuoit leur
conduitte; Et ſur ce fondement, cette
Compagnie croyant qu'apres auoir
diſpoſé du gouuernement de l'Eſtat,
elle pouuoit en cenſurer l'adminiſtration, & demander compte du manie-
ment des affaires publiques; Reſolut
par vn Arreſt, que les Princes, Ducs,
Pairs, & Officiers de la Couronne, qui
auoient ſéance & voix déliberatiue en
noſtre-dite Cour, ſeroient inuitez de
ſ'y trouuer, pour aduiſer ſur ce qui ſeroit propoſé pour le bien de noſtre ſeruice; En ſuitte les factions commen-
cerent à ſe former dans l'Eſtat, & nous
pouuons dire qu'elles n'y ont eſté diſ-
ſipées, que depuis que nous auons ren-
du à l'auctorité Royalle la force, & la
majeſté qu'elle doit auoir en vn Eſtat
Monarchique, qui ne peut ſouffrir
qu'on mette la main au Sceptre du

Souuerain, & qu'on partage son auctorité ; ainsi apres que nous aurons af-
fermy l'auctorité Royalle, la France a
repris sa premiere vigueur : Et au lieu
qu'elle s'affoiblissoit par ses diuisions,
elle s'est rendüe si puissante, que ses
actions ont causé de l'admiration à
toute l'Europe; Et par des effets qu'on
aura peine de croire vn jour, elle a fait
voir, que la puissance revnie en la personne du Souuerain, est la source de la
gloire, & de la grandeur des Monarchies, & le fondement sur lequel est
appuyée leur conseruation. Mais parce
qu'il ne suffit pas d'auoir éleué cet
Estat à vn si haut degré de puissance, si
nous ne l'affermissions en la personne
mesme de nos Successeurs, nous desi-
rons de l'establir par de si bonnes loix,
que la lignée dont il a pleu à Dieu
d'honnorer nostre couche ait vn regne si heureux, & vn thrône si asseuré,

que rien ny puisse apporter aucun
changement. Or comme l'auctorité
Royalle n'est jamais si bien affermie,
que lors que tous les ordres d'vn Estat
sont reglez dans les fonctions qui leur
sont prescriptes par le Prince, & qu'ils
agissent dans vne dépendance parfaitte
de sa puissance, nous nous sommes re-
solus d'y apporter vn reglement general ; Et cependant, comme l'admini-
stration de la Iustice en est la plus im-
portante partie, nous auons estimé ne-
cessaire de commencer à en regler les
fonctions, & de faire cognoître à nos
Parlemens l'vsage legitime de l'auctorité que les Roys nos Predecesseurs &
Nous, leur auons déposée, affin qu'vne
chose qui est établie pour le bien des
Peuples, ne produise des effects con-
traires, comme il arriueroit si les Officiers, au lieu de se contenter de cette
puissance qui les rend Iuges de la vie,

B

de l'honneur, & des fortunes de nos
sujets, vouloient entreprendre sur le
gouuernement de l'Estat qui n'appartient qu'au Prince. A CES CAVSES,
apres auoir veu diuers reglemens faits
par les Roys nos Predecesseurs, & par
Nous, sur le faict de la Iurisdiction &
pouuoir de nos Cours de Parlements,
& premierement ce qui a esté ordonné par le Roy Iean, qu'il ne seroit trait-
té d'aucunes matieres d'Estat en nosdites Cours de Parlemens, si ce n'est
par commission specialle, & qu'elles
auroient seullement la cognoissance
du faict de la Iustice. Les Lettres Patentes en forme de Declaration,
du Roy François I. regiftrées en
nostre Cour de Parlement de Paris,
par lesquelles il deffend à ladite Cour
de s'entre-mettre en quelque façon
que ce soit du faict de l'Estat, ny d'au-
tre chose que de la Iustice: Declare nul

& de nul effet, tout ce que les Officiers
de ladite Cour feront au contraire : Or-
donne que tous les ans ils prendront
lettres en general de leur pouuoir, &
délegation en la forme & maniere
qu'il auoit esté fait auparauant : Deffend en outre à ladite Cour d'vser d'aucunes limitations, modifications, ou
restrictions sur les Ordonnances,
Edicts, & Lettres en forme de Char-
tres : Veut qu'en cas que l'on juge
qu'aucune chose y doiue estre adjoû-
tée ou diminüée, qu'ils luy en donnent
aduis : Arrest du Conseil d'Estat, le Roy
Charles IX. séant en iceluy, par lequel
apres auoir entendu les remonstrances
de la Cour de Parlement de Paris, sur
ce qu'elle auoit differé de publier l'Or-
donnance de sa Majorité, il casse &
reuoque tout ce qui auoit esté fait par
ladite Cour sur ce sujet ; le declare nul,
comme donné par des Iuges ausquels

la cognoissance des affaires de l'Estat
n'appartient aucunement, auec deffences à l'aduenir de mettre en dispute, ny
autrement déliberer sur les Edicts &
Ordonnances qui leur seront en-
uoyées és choses qui appartiendront
à l'Estat, ledit Arrest regiftré en ladite
Cour de Parlement de Paris. Arrest
donné en noftre Conseil, nous y
séant, par lequel apres auoir veu l'Ar-
reft de noftredite Cour de Parlement
de Paris, qui ordonnoit que les Princes, Ducs, Pairs & Officiers de la Couronne, qui ont séance & voix déliberatiue en ladite Cour, seront inuitez de
s'y trouuer, pour aduiser auec eux aux
propositions qui seroient faites pour
noftre seruice. Nous auons cassé & re-
uoqué ledit Arrest, auecque deffences
à noftre-dite Cour de s'entre-mettre
des affaires d'Estat, sinon lors qu'il leur
sera commandé: Et affin que la me-

moire de cette deſ-obeyſſance fuſt du tout éteinte, que l'Arreſt & les remonſtrances dreſſées en ſuitte ſeroient biffées & tirées du Regiſtre. Arreſt donné en noſtre Conſeil nous y ſéant, par lequel l'Arreſt de noſtre-dite Cour de Parlement, qui faiſoit deffences de payer le droict Annuel, & ordonnoit que Commiſſion ſeroit déliurée au Procureur general, pour informer ſur les deſordres, & diſſipation pretenduë de nos finances, eſt caſſé & annullé; & ordóné qu'il ſera biffé, & tiré des regiſtres, auec deffences à ladite Cour de s'entre-mettre, ny prendre aucune cognoiſſance à l'aduenir des affaires de l'Eſtat & gouuernement, ſinon lors qu'ils en auront receu exprés commandement. Arreſt de noſtre Conſeil nous y ſéant, par lequel apres auoir veu l'acte de déliberation de noſtre-dite Cour de Parlement de Paris, ſans

auoir pris aucune refolution fur l'en-
regiftrement de nos Lettres Patentes,
en forme de Declaration, contre ceux
qui eftoient fortis du Royaume, à la
fuitte de noftre tres-cher & tres-aymé
Frere le Duc d'Orleans ; ladite déliberation eft caffée & declarée nulle, comme temeraire, & faite contre les Loix
& vfance du Royaume, par perfonnes
priuées, & fans pouuoir en ce regard,
auecque deffences à noftre-dite Cour
de Parlement, de mettre à l'aduenir en
déliberation telles & femblables Declarations, concernant les affaires d'E-
ftat, adminiftration & gouuernement d'iceluy ; & que l'acte de la déliberation feroit tiré des Regiftres de ladite Cour. Et apres que tous les fuf-
dits reglements ont efté meurement
examinez en noftre Confeil ; N o v s
A v o n s, de l'aduis d'iceluy, & de
noftre certaine fcience, plaine puiffan-

ce & auctorité Royalle, dit & decla-
ré, difons & declarons, que noftre-
dite Cour de Parlement de Paris, &
toutes nos autres Cours, n'ont efté
établies que pour rendre la Iuftice à
nos fujets ; leur faifons tres-expreffes
inhibitions & deffences, non feulle-
ment de prendre à l'aduenir cognoif-
fance d'aucunes affaires femblables à
celles qui font cy-deuant nommées,
mais generalement de toutes celles qui
peuuent concerner l'Eftat, adminiftration & gouuernement d'iceluy, que
nous referuons à noftre Perfonne feu-
le, & de nos Succeffeurs Roys, fi ce
n'eft que nous leur en donnions le
pouuoir, & commandement fpecial
par nos Lettres Patentes, nous refer-
uant de prendre fur les affaires publiques, les aduis de noftre-dite Cour de
Parlement, lors que nous le jugerons
à propos, pour le bien de noftre ferui-

ce. Declarons dés à prefent toutes déliberations & Arrefts qui pourrót eftre faits à l'aduenir contre l'ordre de la prefente Declaration, nulles, & de nul effet, comme faites par perfonnes qui n'ont aucun pouuoir de nous, de s'entre-mettre du gouuernement de noftre Royaume; Voullons qu'il foit procedé contre ceux qui fe trouuerót à pareilles déliberations, comme defobeïffans à nos commandemens, & entreprenans fur noftre auctorité. Et d'autant que noftre-dite Cour de Parlement de Paris a fouuent arrefté l'execution des Edicts, & Declarations, veriffiez en noftre preséce, & féant en noftre Lict de Iuftice, comme fi nos Officiers vouloient reuoquer en doute la veriffication des Edicts faits de noftre auctorité fouueraine : Nous voulós & entédons, que les Edicts, & Declarations, qui auront efté veriffiez

en

en cette forme, ſoient plainement executez, ſelon leur forme & teneur ; fai-
ſans deffences à noſtre-dite Cour de
Parlement de Paris, & toutes autres,
d'y apporter aucun empeſchement,
ſauf neantmoins à noſdits Officiers de
nous faire telles remonſtrances qu'ils
aduiſeront eſtre ſur l'execution des
Edicts, pour le bien de noſtre ſeruice;
Apres leſquelles remonſtrances, nous
voullons & entendons qu'ils ayent à
obeyr à nos volōtez, & faire executer
les Edicts, ſuiuant la veriffication qui
en aura eſté faite de noſtre auctorité, ſi
ainſi leur ordonnons. Et quand aux
Edicts, & Declarations qui leur ſeront
enuoyez, concernant le gouuernemét
& adminiſtration de l'Eſtat, Nous leur
commandons, & enjoignons de les faire publier & enregiſtrer, ſans en prendre aucune cognoiſſance, n'y faire aucune déliberation ſur iceux. Et pour

C

les Edicts, & Declarations qui regar-
deront nos Finances, Nous voullons
& entendons, que lors qu'ils leur seront enuoyez, s'ils y treuuét quelque
difficulté en la veriffication, qu'ils se re-
tirent pardeuers nous pour nous les
representer, affin que nous y pour-
uoyons ainsi que nous jugerons à propos, sans qu'ils puissent de leur auctorité y apporter aucunes modiffications
ny changemens, n'y vser de ces mots;
Nous ne deuons, ny ne pouuons, qui sont
injurieux à l'auctorité du Prince. Et
en cas que nous jugions que les Edicts
doiuent estre veriffiez & executez en
la forme que nous les aurós enuoyez,
apres auoir entendu les remonstrances
sur iceux; Nous voullons & entendons, qu'apres en auoir receu nostre
commandement, ils ayent à proceder
à la veriffication & enregistrement,
toutes affaires cessantes, si ce n'est que

nous leur permettions de nous faire de
secondes remonstrances, apres lesquelles nous voullons qu'il soit passé outre
sans aucun delay. Et attendu que la
des-obeïssance qui nous a esté renduë
par nostre-dite Cour de Parlement de
Paris, à l'execution de l'Edict de création de quelque nombre de Conseillers en icelle, ne peut estre dissimulée
plus longuement, sans blesser nostre
auctorité, ayant à la veuë de tout le
monde empesché ceux qui sont pourueus desdites Charges, d'en faire jusques icy librement toutes les fonctiós,
quelque exprés commandemét qu'ils
en ayent receu de nous. Nous auons
estimé à propos, pour leur faire co-
gnoistre que la subsistance des Charges ne déppend que de nous, & que la
suppression & la création est vn effet
de nostre puissance, de supprimer les
Charges de ceux ausquels, par bonté,

nous auions fait seulement commandement de se retirer de ladite Compagnie, auec deffences d'y entrer jusques
à ce qu'autremét par nous en eust esté
ordonné. Et pour cét effet, Nous auós,
de nostre certaine science, plaine puissance, & auctorité Royalle, dés à present esteint &supprimé,esteignons &
supprimons les Charges de Conseiller
President aux Enquestes , dont est
pourueu Mᵉ Barillon, &
les Charges de Conseillers en nostre-
dite Cour de Parlement, dont sont
pourueus Mₑₛ Paul Scaron, Lesné, Bi-
taut, Seuin, & Salo,nous reseruans de
pouruoir à leur remboursement ainsi
que nous le jugerons à propos. Faisons
tres-expresses inhibitions & deffences
à nostre-dite Cour de Parlement, de
leur donner aucune entrée à l'aduenir
en leur Compagnie, & nos sujets de
les recognoistre pour Officiers , & à

ux de prendre à l'aduenir la qualité
d'Officiers, affin que l'exemple de la
peine encouruë en leur personne, re-
tienne les autres Officiers en leur de-
uoir. Nous auons cy-deuant, sur les
plaintes qui nous ont esté souuent faites, que la discipline estoit beaucoup
relaschée dás nos Cours de Parlemens,
& que nos Officiers ne tenoient compte de se comporter auec la modestie,
& retenuë bienséante en vn Iuge, n'y
d'obseruer exactement les Reglemens
portez par nos Ordonnances. Ordón-
ne que les Mercurialles se tiendroient
tous les trois mois, & que les déliberations, qui seroient faites, seroient en-
uoyées à nostre tres-cher & feal, le
sieur Seguier, Chancelier de France,
pour nous en donner aduis. Et d'autant que jusques icy, au grand pre-
judice de nostre seruice, & du bien de
la Iustice, nostre volonté n'a point

esté executée : Nous ordonnons , &
enjoignons à nostre-dite Cour de
Parlement , & toutes autres , de te-
nir les Mercurialles de trois en trois
mois , en la forme portée par nos
Ordonnances ; & à nostre Procureur general d'y faire les propositions
qu'il jugera estre à propos pour le bien
de la Iustice, & de nostre seruice. Et
attendant que nous puissions par vn
Reglement general, pouruoir aux def-
fauts qui se sont introduits en l'ordre
de la Iustice, par l'inexecution des Ordonnances ; Nous voulons & ordonnons, que les Reglemens portez par
nos Ordonnances, sur le fait du procez des Commissaires, soient executez
selon leur forme & teneur. Declarant
dés à present tous Iugemens qui inter-
uiendrót sur les procez qui seront veus
par gráds ou petits Commissaires, hors
les cas portez par nosdites Ordonnan-

ces, nuls & de nul effet; Voullons que
les frais qui auront esté faits en la visi-
tation des procez, contre nos Reglemens, soient repetez à l'encontre des
Iuges qni y auront assisté. SI DON-
NONS EN MANDEMENT à nos
amez & féaux les Gens tenans nostre
Cour de Parlement de Paris, que ces
presentes ils ayent à faire lire, publier
& registrer, & le contenu en icelles
punctuellement garder & obseruer,
sans qu'il puisse estre contreuenu en
aucune sorte & maniere que ce soit:
Enjoignons à nostre Procureur general de faire les requisitions & diligen-
ces necessaires pour l'enregistrement
des presentes: Car tel est nostre plai-
sir. Et affin que ce soit chose ferme &
stable à toûjours, nous auons fait mettre nostre scel à cesdites presentes.
Donné à S. Germain en Laye au mois
de Fevrier, l'an de grace mil six cens

trente-vn.

Signé,   **LOVYS.**
Et plus bas,   Par le Roy,

DE LOMENIE.

A cofté, *Vifa.* Et fcelées en lacs de foye verte & rouge, du grand fceau de cire verte.

Et plus bas eft écrit;

Leu, publié, regiftré, ouy ce requerant & confentant le Procureur general du Roy, pour eftre executé felon fa forme & teneur. A Paris en Parlement, le Roy y féant, le 21. Fevrier 1641.

DV TILLET.